Frédéric

CHOPIN

DESCUBRIMOS A LOS MÚSICOS

Ilustraciones de Charlotte Voake
Texto de Catherine Weill
Narrado por Lola Martínez

Fue crudo el invierno en Polonia, en el año 1810. Apenas apagado por la nieve, un estruendo de tambores y violines resuena bajo las ventanas de una hermosa casa de tejado rojo, cerca de Varsovia: los músicos callejeros acuden

CANCIONES DE CUNA DE TODO EL MUNDO

Todas las madres del mundo cantan, cada cual a su modo, canciones de cuna para que su bebé se calme y se duerma. Las canciones de cuna yiddish, rusas o irlandesas son especialmente hermosas. ¿Recuerdas las nanas que tu madre te cantaba?

PRELUDIO OP. 28, Nº I EN DO MAYOR
CANCIÓN DE CUNA EN RE BEMOL MAYOR, OP. 57

a festejar el nacimiento de un niño en la familia Chopin.
El pequeño Frédéric llora asustado en su cuna. Para
consolarlo, su mamá le canturrea una melodía dulce
y melancólica.

El señor Chopin es profesor de francés. Quiere que su hijo hable varias lenguas. Muy pronto, Frédéric estudia latín, griego y francés; y luego alemán, inglés e italiano.

Pero el lenguaje que más le gusta es el de la música.
Su madre le hace descubrir el piano y, con tan solo cinco
años, inventa ya una pequeña melodía para el cumpleaños
de su padre.

HISTORIAS CON MÚSICA

A Chopin le gustaba contar al piano las aventuras de sus héroes preferidos. Sus hermanas tenían que adivinar de qué personaje se trataba.
Se divertían mucho. También tú podrás contar historias utilizando todos los sonidos de tu voz, silbando o con la ayuda de una pandereta.

Al piano, Frédéric es un prodigio. Diríase que nació ya con los dedos en las teclas. Cierto día, a los ocho años, le invitan a casa del Gran Duque, el hermano del zar de Rusia.
Es un hombre severo y colérico.

INFINITAS POSIBILIDADES

¡Con un piano se puede hacer lo que uno quiera! Con las notas agudas, se puede imitar el pájaro que trina, mientras que con las graves, nos parece oír a un lobo que gruñe... Ahora trata de inventar una historia tocando sólo con uno o dos dedos.

10

Frédéric, tembloroso, se sienta al piano.
Muy pronto, sus ligeros dedos vuelan sobre
el teclado. Unas sonoridades luminosas
llenan el palacio. ¡Qué orgulloso está
de él su padre!

Alos once años, Frédéric pasa las vacaciones de verano en el campo. El día de la fiesta de la cosecha, todos los aldeanos se reúnen. Cantan, los violines zumban y las jóvenes campesinas, tocadas con una corona de flores,

4 SONATA OP. 65 EN SOL MENOR PARA VIOLONCHELO Y PIANO, 2° MOVIMIENTO, SCHERZO, ALLEGRO CON BRIO

bailan golpeando el suelo con los tacones. Frédéric no puede resistirse al ritmo de esa música. Toma una vieja viola de gamba y las acompaña, lleno de ardor y de alegría.

MÚSICAS Y FIESTAS

Una danza es, ante todo, un ritmo y algunos instrumentos. Puesto que cada país tiene sus propias tradiciones musicales, las danzas varían de un país a otro. ¿Has bailado alguna vez una jota aragonesa o un tango argentino?

Una noche, a la edad de doce años, su padre lo lleva a la ópera. Frédéric queda maravillado. Alegría, drama, amor: ¡aquí, todo es teatro y música!

¡Y qué hermosas, esas voces tan claras que se elevan por encima de la orquesta! Más tarde, hará cantar su piano como nadie antes que él.

LOS SONIDOS DEL PIANO

¿Sabes que cuando pulsas una tecla del piano, un pequeño martillo de madera golpea una cuerda y ésta produce un sonido? Chopin supo lograr que el piano cantara haciéndonos olvidar su mecánica. Un día, abre un piano y mira cómo funciona por dentro.

Un domingo, al salir de la iglesia, su mirada se cruza con la de una muchacha de su edad. Frédéric se enamora locamente. Ella se llama Constance, tiene una

CANTA CON EXPRESIVIDAD

Elige el estribillo de una conocida canción y transfórmalo para expresar el sentimiento que desees: empieza lento, luego canta cada vez más fuerte o acentúa algunas consonantes... A ver si tus amigos descubren el sentimiento que te embarga.

hermosísima voz y sueña con ser cantante. Pero Frédéric no se atreve a declararle su amor. El piano es la voz de su corazón y sólo a él le confía su profundo secreto.

A los diecisiete años, Frédéric Chopin ha dado ya muchos conciertos. Es un pianista célebre y un compositor admirado en Polonia. Pero quiere que todo el mundo descubra su música. ¡Está decidido! ¡Se marcha!

UN LENGUAJE UNIVERSAL

¿Te has fijado en que las melodías que escuchas y que te gustan proceden de todos los países del mundo? ¿Has pensado ya que, al otro extremo del mundo, exista tal vez un niño de tu edad que sueña y baila escuchando las mismas melodías que tú?

7 SONATA OP. 35, Nº 2, 1ᴱᴿ MOVIMIENTO, GRAVE, DOPPIO MOVIMENTO

En la diligencia que se lo lleva, tiene
el corazón desgarrado.
Qué doloroso es abandonar
a los seres queridos...

Frédéric se ha instalado en París. En el taller del pintor Eugène Delacroix conoce a George Sand, una célebre escritora. Ambos viven una apasionada historia de amor.

El gran músico está en la cumbre de su arte.

Sus interpretaciones son siempre un éxito, y París lo cubre de gloria.

EL PARÍS DE LAS ARTES

En París, Chopin conoce a otros músicos, como Liszt, a escritores como Victor Hugo, pintores...

Estos artistas que expresan libremente sus sentimientos a través de su arte se denominan "románticos".

Hoy, como

ayer...

seguimos

escuchando la

música de

CHOPIN.

LOS 24 ESTUDIOS

Chopin dejó de recibir lecciones de piano a partir de los doce años. Pero consagró a este instrumento toda su vida. Es único en toda la historia de la música. En cuanto llegó a París, Frédéric Chopin empezó a dar clases. Pianistas de toda Europa fueron sus alumnos y les dedicó muchas de sus obras. Era un improvisador genial y un pianista virtuoso. Sus Estudios son obras muy difíciles que plantean a los pianistas terribles problemas de agilidad. Pero en cambio, multiplican las inauditas posibilidades sonoras del piano. Al componer sus *24 estudios*, Chopin inventó realmente el piano moderno.

Chopin debutó al piano con el clavicordio, cuyo sonido es sordo y acolchado. El constructor de pianos Pleyel le proporcionó luego pianos muy distintos.

El virtuosismo de la música de Chopin contribuyó a la evolución del piano: este Pleyel, llamado «de Chopin», en nada se parece ya al clavicordio.

9 ESTUDIO OP. 25, Nº 10 EN SI MENOR

LAS MAZURCAS

En 1830, Chopin abandona Polonia y ya no regresará nunca. Pero jamás olvidó las danzas que su madre tocaba al piano, ni las canciones y las melodías para bailar de las fiestas aldeanas. Así pues, por medio de la música, da vida a su país. Escribe las Polonesas, danzas nobles y heroicas. También compuso varios valses elegantes y refinados y más de cincuenta Mazurcas. Estas piezas son el jardín secreto de Chopin. Con un ritmo de danza de tres tiempos, reflejan su nostalgia y su humor cambiante. Algunas son desesperadas, otras alegres; muy a menudo son, incluso, ambas cosas a la vez. La que vas a escuchar ahora combina tristeza y alegría.

24

La danza está siempre muy presente en la Europa del Este. Junto a estas líneas, bailarines de polca con vestidos polacos. Debajo, unas parejas bailan un vals en la fiesta anual de la Ópera de Viena.

Todos los alumnos de danza hacen sus ejercicios con los valses de Chopin.

NOCTURNOS Y BALADAS

Frédéric Chopin escribe como si soñara. El piano es su espejo: en él se reflejan toda su sensibilidad, todos sus sentimientos. En la hermosa casa de George Sand, en Nohant, se entrega a las armonías del crepúsculo. Le gusta esa atmósfera de secreto, de susurro, cuando la luz parece desvanecerse. Allí escribe varias Baladas y unos cuantos Nocturnos. La Balada es un poema instrumental que cuenta una historia. Los Nocturnos son ensoñaciones, cartas de amor dirigidas a mujeres amadas. «Hay que cantar si queréis tocar el piano», decía. En este Nocturno, escucha la melodía que canta y respira ágilmente como una voz humana. En esta poesía puede reconocerse la música de Chopin.

26

El recuerdo de Chopin está muy presente en Nohant, la morada de George Sand, en el Indre. Cada año se celebran allí festivales de música. En este salón, uno de los pianos del compositor.

En la época de Chopin, por primera vez, algunos pianistas tocan solos ante el público durante un concierto. Es lo que se denomina un recital.

BALADA OP. 23, N° I EN SOL MENOR
NOCTURNO OP. 27, N° I EN DO SOSTENIDO MENOR

DISCO

I. ¡Un nacimiento a bombo y platillo!
Preludio Op. 28, nº 1 en do mayor
François-René Duchable
4509 92403 2
℗ Erato Classics SNC, 1988

Canción de cuna en re bemol mayor, Op. 57
Alexei Lubimov
Piano Erard 1837, Sweelink Museum
2292 45990 2
℗ Erato Disques SAS, 1993

2. Latín, alemán... y música
Preludio Op. 28, nº 7 en la mayor
François-René Duchable
4509 92403 2
℗ Erato Classics SNC, 1988

3. Primer éxito
Estudio Op. 25, nº 1 en la bemol mayor
François-René Duchable
2292 45178 2
℗ Erato Classics SNC, 1981

4. Las danzas de su país
Sonata Op. 65 en sol menor para violonchelo
y piano, 2º movimiento, scherzo, allegro con
brio
Frédéric Lodéon, violonchelo
François-René Duchable, piano
℗ Erato Classics SNC, 1982

5. La afición al canto
Concierto para piano y orquesta Op. 11,
nº 1, 1er movimiento, allegro maestoso
Maria-João Pires, piano
Orquesta Nacional de la Ópera de Montecarlo
Director: Armin Jordan
2292 45927 2
℗ Erato Classics SNC, 1978

6. Su único confidente
Vals Op. 70, nº 2 en fa menor
Maria-João Pires
0630 10709 2
℗ Erato Classics SNC, 1985

7. Deseo de ver mundo
Sonata Op. 35, nº 2, 1er movimiento, grave,
doppio movimento
François-René Duchable
4509 92403 2
℗ Erato Classics SNC, 1985

8. ¡Un genio!
Fantasía, impromptu Op. 66, nº 4
Michèle Boegner
4509 94577 2
℗ Erato Classics SNC, 1971

9. Música para aprender
Estudio Op. 25, nº 10 en si menor
François-René Duchable
2292 45178 2
℗ Erato Classics SNC, 1981

10. Música para danzar
Polonesa «Heroica» Op. 53, nº 6
François-René Duchable
4509 92403 2
℗ Erato Classics SNC, 1984

Mazurca Op. 67, nº 3 en do mayor
Georges Pludermacher
0630 16247 2
℗ Erato Disques SAS, 1996

II. Música para soñar
Balada Op. 23, nº 1 en sol menor
Alexei Lubimov
Piano Erard 1837, Sweelink Museum
2292 45990 2
℗ Erato Disques SAS, 1993

Nocturno Op. 27, nº 1 en do sostenido menor
Elisabeth Leonskaja
9031 72297 2
℗ Teldec Classics International GMBH, 1992

TABLA DE ILUSTRACIONES

CRÉDITOS FOTOGRÁFICOS